ARIANNA TAMBURINI

Para mis hijas, Nina y Niki

Título original: *Dans la jungle terrible jungle*
Arianna Tamburini (texto e ilustraciones)

Publicado según acuerdo con Isabelle Torrubia Agencia Literaria

Traducción: Tziranda Lizárraga

Primera edición: 2024
ISBN: 978-607-557-928-3

Depósito legal: B 15271-2024

IMPRESO EN ESPAÑA / *PRINTED IN SPAIN*

9005850010824

En la jungla, terrible jungla,
los animales vivían alejados unos de otros.

Los jaguares con los jaguares.

Los monos con los monos.

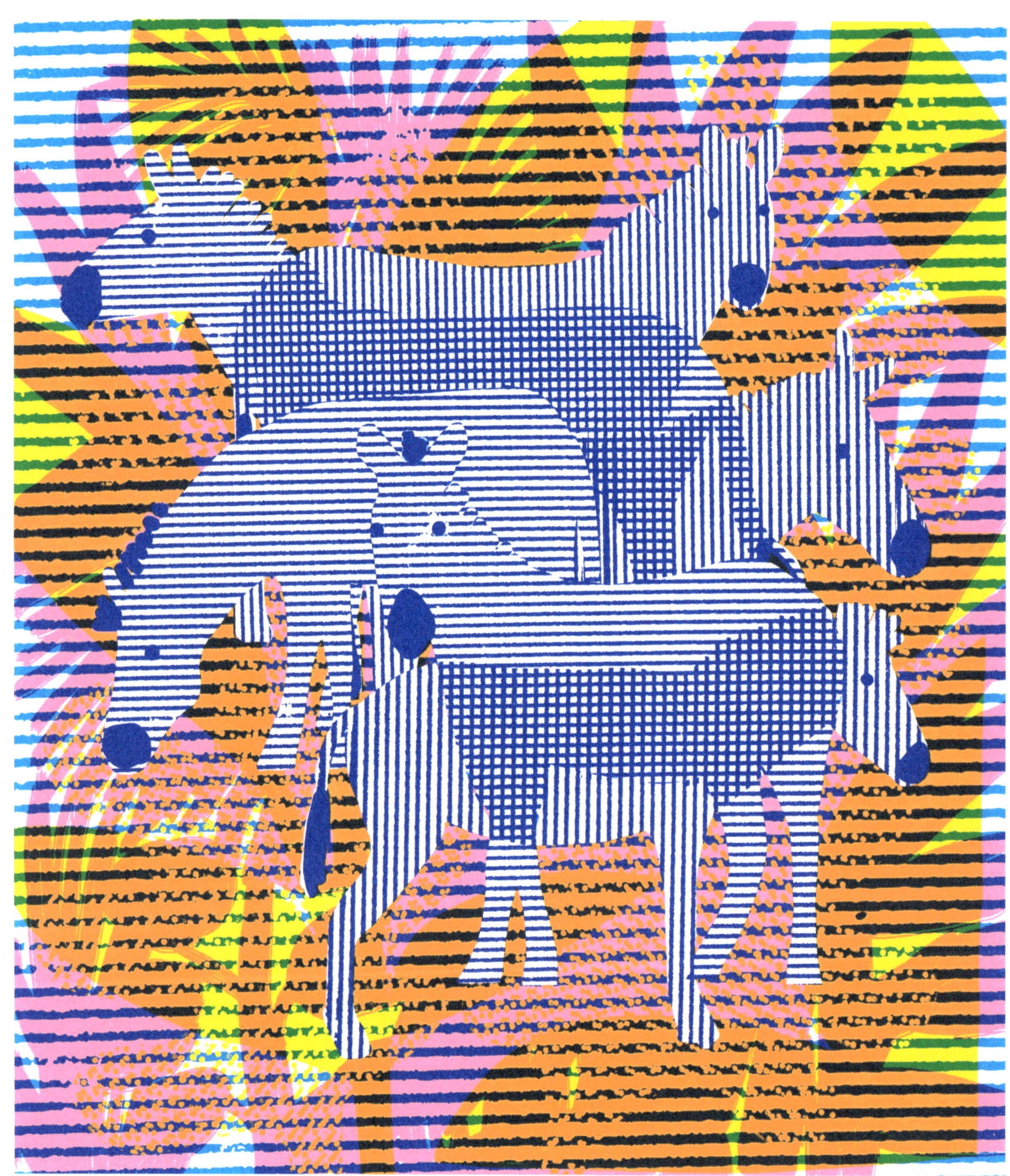

Las cebras con las cebras.

Las orugas con las mariposas, y así todos los demás.
¡No había manera de que los animales se mezclaran!

Sin embargo, en medio de la jungla había un gran lago al que los animales iban a beber, a nadar y a admirar su reflejo. Y también a observar, discretamente, a los demás.

En los días de lluvia, los animales se divertían con las gotas y disfrutaban de la momentánea frescura. Hasta que un día, la lluvia empezó a caer, y a caer y a caer, sin detenerse más.

No se veía nada...

... ¡Nada de nada!

La lluvia se lo había llevado todo.

Los colores, las manchas, el pelo. Lavados, desteñidos, perdidos. Todos estaban asustados e indefensos.

Cuando por fin paró el diluvio, a lo lejos se oyó una risa burlona.

Era el babuino que se acercaba,
vistiendo orgulloso los colores del tigre.

El tigre, muy molesto, se lanzó sobre el primate.
En el alboroto, un tucán exclamó: —Rápido, ¡acérquense al lago!

¡Éstos son míos!

Todos echaron a correr hacia al lago, el cual mostraba una imagen fascinante e inesperada: el agua estaba llena de todos lo colores y las manchas de los animales.

¡Qué espectáculo! Indecisos al principio, los animales se zambulleron en el agua multicolor. Todos se divertían como nunca. Poco importaban las miradas de los demás. ¡Era maravilloso!

Los clanes o las diferencias dejaron de importar.
—¡Abre la boca, Croco!

Lejos quedaron los cuentos de miedo y pertenencia.
—¡Cuidado con las salpicaduras!

En la jungla, temible jungla, después de la gran lluvia,
los animales ahora son inseparables.

Y cada uno sabe que, en cualquier momento, puede elegir cambiar.